Schiffe

Vom Ruderboot bis zur Autofähre

DK | Penguin Random House

Titel der englischen Originalausgabe:
BOATS! (and other things that float)

Der Originaltitel erschien © 2021 im Welbeck Children's Books Verlag,
einem Imprint der Welbeck Children's Limited und Welbeck Publishing Group.
20 Mortimer Street, London W1T 3JW

Lektorat Laura Knowles, Bryony Davies
Gestaltung und Bildredaktion Dani Lurie, Margaret Hope, Deborah Vickers
Herstellung Melanie Robertson

Für die deutsche Ausgabe:
Verlagsleitung Monika Schlitzer
Programmleitung Heike Faßbender
Redaktionsleitung Martina Glöde
Projektbetreuung Natalie Capalija
Herstellungsleitung Dorothee Whittaker
Herstellungskoordination Claudia Rode
Herstellung Sophie Schiela

Übersetzung Claudia Wagner

ISBN 978-3-8310-4730-7

Druck und Bindung Leo Paper Products, China

FSC www.fsc.org MIX Papier | Fördert gute Waldnutzung FSC® C020056

www.dk-verlag.de

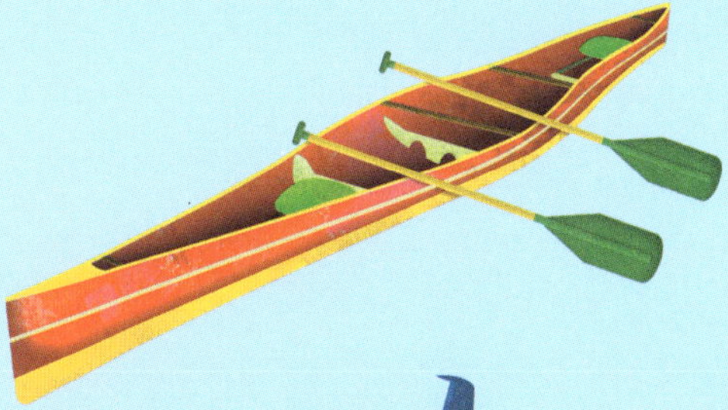

Schiffe

Vom Ruderboot bis zur Autofähre

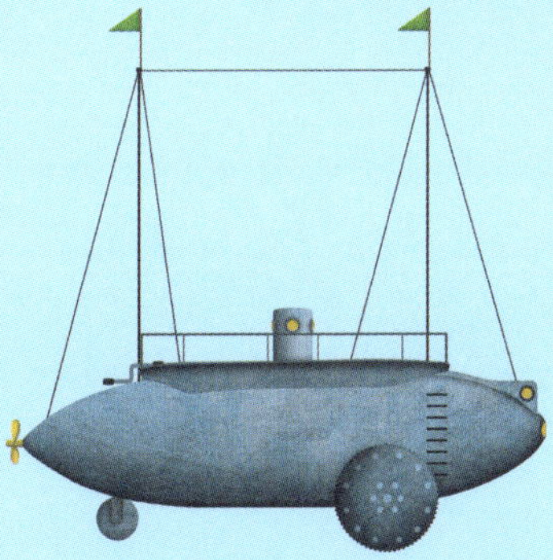

Text von Bryony Davies
und Catherine Veitch

DK

Illustriert von
Maria Brzozowska

Dieses Buch gehört:

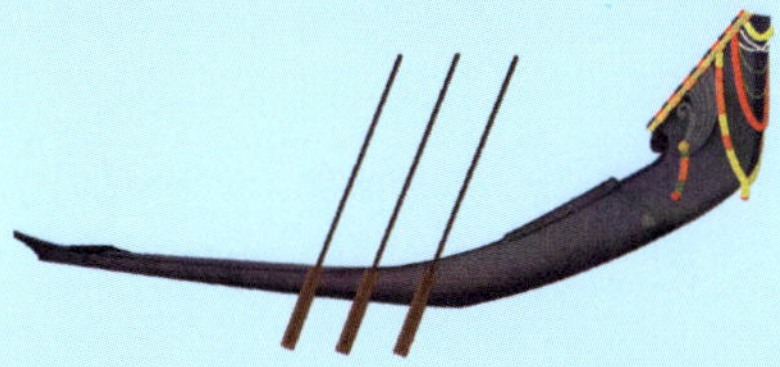

Inhalt

Setze die Segel!

Viele Schiffe werden durch den Wind angetrieben, der ihre Segel bläht und sie vorwärts treibt. Segel gibt es in unterschiedlichen Formen. Manche Schiffe haben nur ein Segel, andere hingegen viele.

Wendur

Trabakel

Feluke

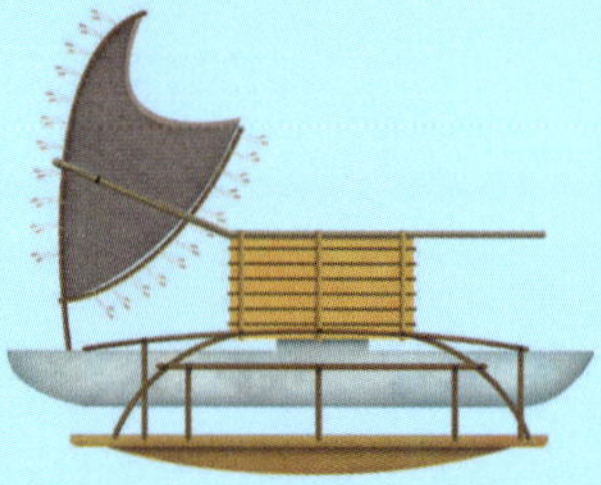

Das **Krebsscherensegel** dieser **Proa** ist nach den Scheren eines Krebses benannt, weil es an diese erinnert.

Dieses **Langschiff der Wikinger** konnte aufgrund seiner schmalen Form bei Schlachten schnell durch das Wasser gleiten. Bei Flaute wurde es gerudert.

Japanisches Frachtschiff

Der gigantische **Schoner** *Thomas W. Lawson* war das größte Segelschiff, das jemals gebaut wurde. Die Seeleute mussten Motoren verwenden, um die riesigen Segel zu hissen!

Schaluppe

Antikes ägyptisches Segelschiff

Römisches Handelsschiff

Forschende entwickeln und testen im Moment riesige, **aufblasbare Segel**.

Pinisi

Diese **Kogge** hat entlang der Unterseite lange, dicke Ausbuchtungen – sogenannte Bilgenkiele. Sie verhindern, dass das Schiff im Wasser umkippt.

Perlenfischer-Dau

Die drei Segel am Heck dieser **Karavelle** sind seitlich ausgerichtet, um den Wind von dort besser einzufangen.

Die Segel dieser **Handelsdschunke** konnten sich um den Mast drehen und so den Wind aus jeder Richtung nutzen.

Der moderne Schoner *Wind Surf* ist eines der größten **Kreuzfahrtschiffe** von heute. Es hat sowohl Motoren als auch Segel.

Bestandteile eines Schiffs

Schiffe schwimmen wegen der Auftriebskraft – das Wasser unter ihnen drückt sie nach oben. Doch wie heißen die verschiedenen Teile eines Boots?

Boote können aus allen möglichen **Materialien** hergestellt werden – von Tierhäuten, Eisen, Stahl und Aluminium bis hin zu Holz oder Glasfaser.

Zu Hilfe! Ich brauche ein Rettungsboot

Wenn du jemals auf dem Meer um Hilfe rufst, dann kommt ein Rettungsschiff. Leistungsstark und schnell helfen diese den Menschen in Not.

Hubschrauber der Küstenwache unterstützen die Rettungsboote, indem sie Menschen aus der Gefahrenzone nach oben ziehen.
Große Rettungsschiffe können viel Ausrüstung tragen und sind stark genug, um schwere Boote abzuschleppen.

Krabbenfischer

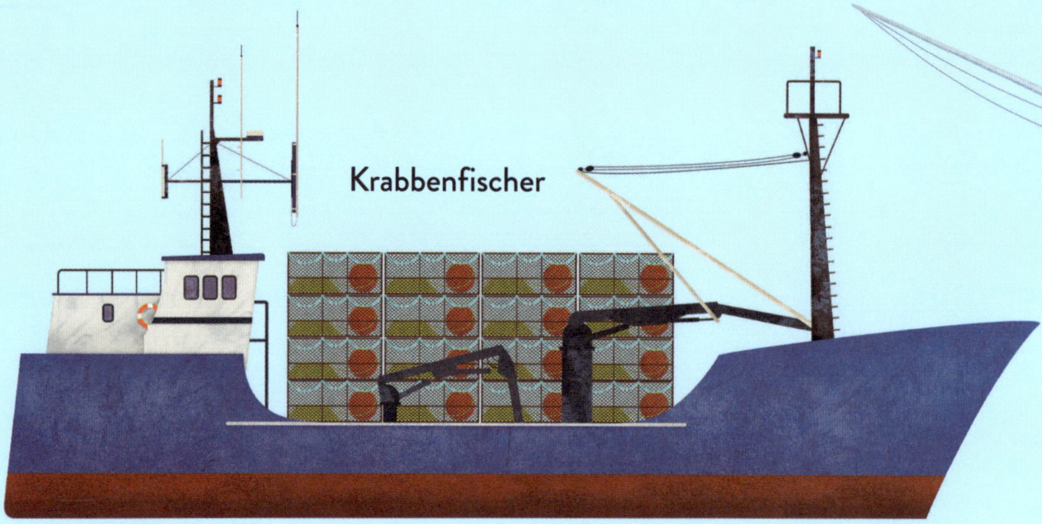

Boote zum **Tintenfischfang** bestrahlen nachts die Wasseroberfläche mit grünem Licht, damit die Tintenfische an die Oberfläche kommen.

Winde

Intha-Fischerboot

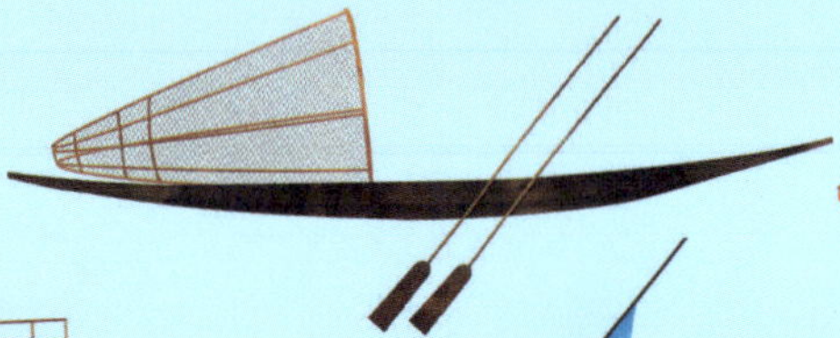

Jangada

Dieser **Fischtrawler** schleppt ein breites kegelförmiges Netz über den Meeresboden, um Fische zu fangen. Wenn das Netz voll ist, zieht eine Winde es auf das Schiff.

Jukung

Thunfisch-boot

Ringwaden-Kutter

Schleppfischboot

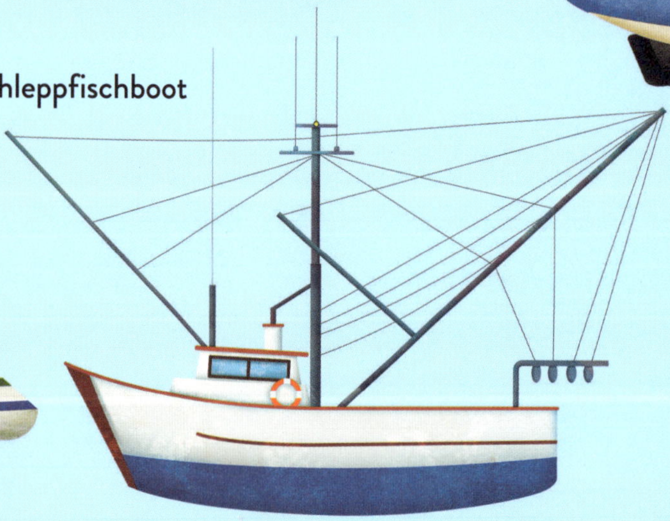

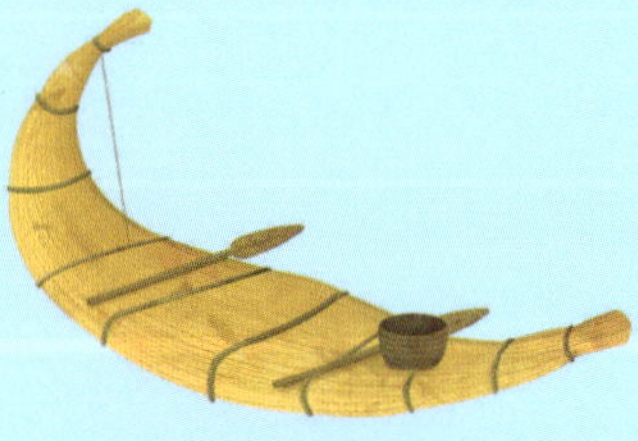

Die alten Ägypter schnürten Bündel aus **Schilf** zusammen, um ein Fluss-Fischerboot wie dieses zu bauen.

Gefriertrawler können Fisch auf offener See verarbeiten und einfrieren.

Heringslogger

Coble

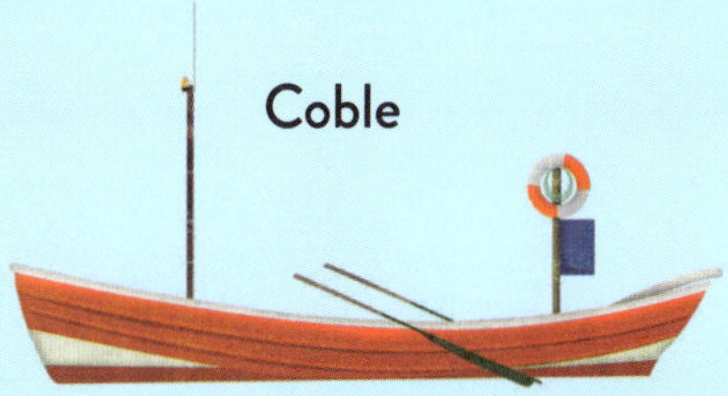

Modernes Seemotorboot

Fischen gehen

Die Menschen fischen bereits seit langer Zeit und einige der frühesten Boote wurden für den Fischfang gebaut. Fischerboote gibt es heute auf der ganzen Welt und in allen Formen und Größen, mit vielen Arten von Netzen und Ausrüstung für den Fang unterschiedlicher Fische.

Fabrikschiff

Hochseefischerboot

Ein **Langleinenboot** wie dieses zieht eine lange Leine mit Netzen hinter sich her. Dieses Boot fängt Thunfisch, der an Bord tiefgefroren wird, um ihn frisch zu halten.

Luzzu

Brixhamtrawler

Dieses mit **Kiemennetzen** fischende Boot fängt Lachs und Garnelen. Seine speziellen Netze werden von Auftriebskörpern aufrecht gehalten.

Ein **Umiak** wurde von den Menschen in der Arktis für die Jagd auf Wale genutzt.

Boote werden an verankerten schwimmenden Bällen festgemacht, sogenannten Bojen.
Zeit, den heutigen Fang zu entladen
Fischer-netze

Im Fischereihafen

Der Fischereihafen ist ein geschäftiger Ort. Schiffe und Boote tuckern rein und raus und liefern ihre Fänge – Fisch, Krabben oder Hummer – ab. Möwen gleiten in der steifen Brise und hoffen auf einen Happen zu essen.

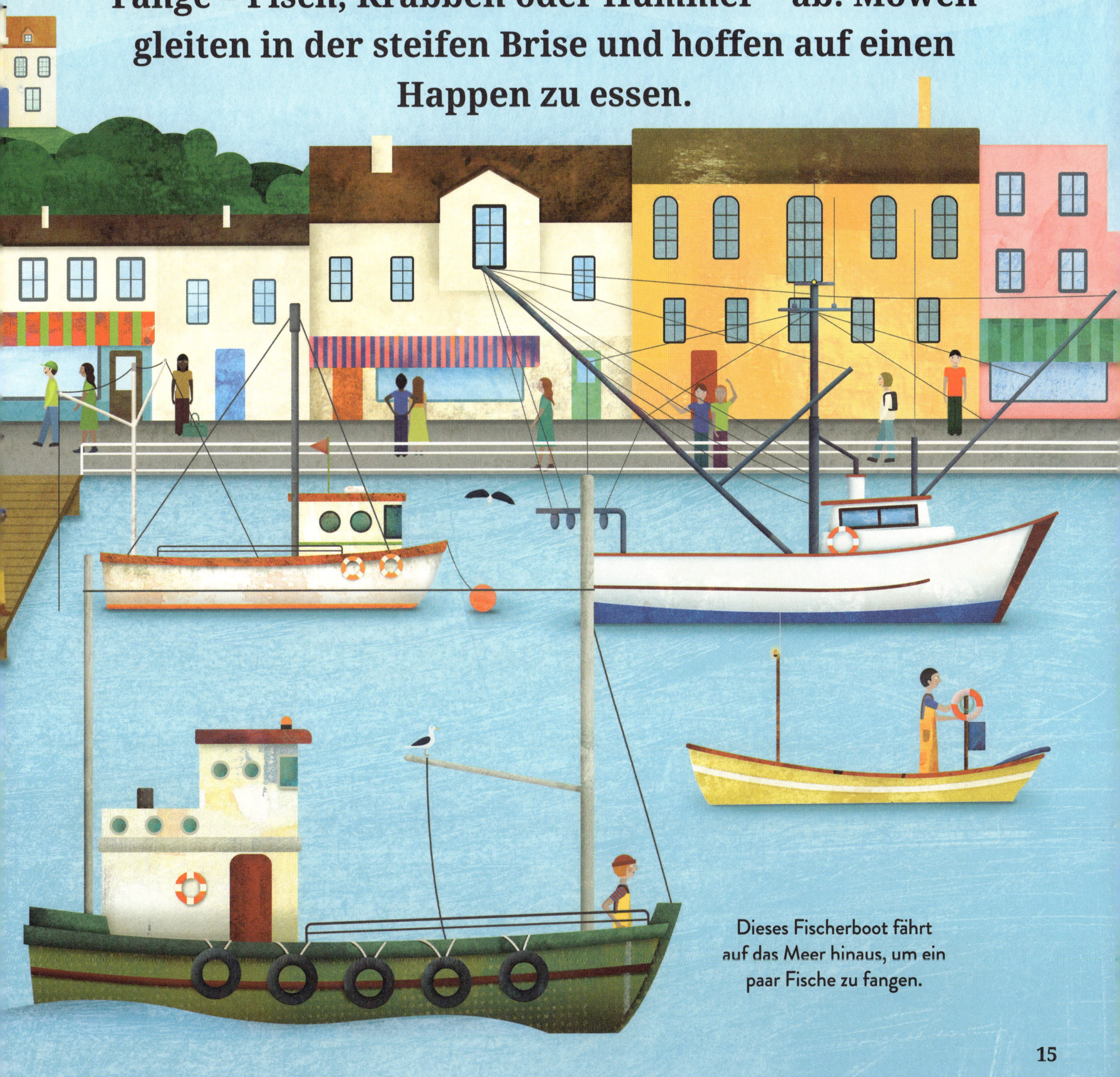

Dieses Fischerboot fährt auf das Meer hinaus, um ein paar Fische zu fangen.

Tanker sind Schiffe, die Flüssigkeiten transportieren. Dieses hier ist ein **Gastankschiff mit Flüssiggas**.

Eisbrecher

Dieser **Frachtkahn** transportiert Bausand.

Dieses **Versorgungsschiff** arbeitet in Windparks auf hoher See.

Ein **Kühlschiff** transportiert Lebensmittel wie Fleisch und Gemüse, die tiefgekühlt werden müssen, um haltbar zu bleiben.

Kabelfähre

Tauchen in der Tiefsee – weit entfernt von der Küste – ist harte Arbeit. Deshalb wird dieses **Unterstützungsschiff** als Taucherbasis benötigt.

Dieses **Rettungsboot** ist schnell und kann bei stürmischer See fahren, um Menschenleben zu retten.

Harte Arbeit

Feuerlöschboot

Jeden Tag sind Tausende von Booten und Schiffen auf Meeren und Flüssen unterwegs, um Menschen und Material zu transportieren oder sogar um Leben zu retten.

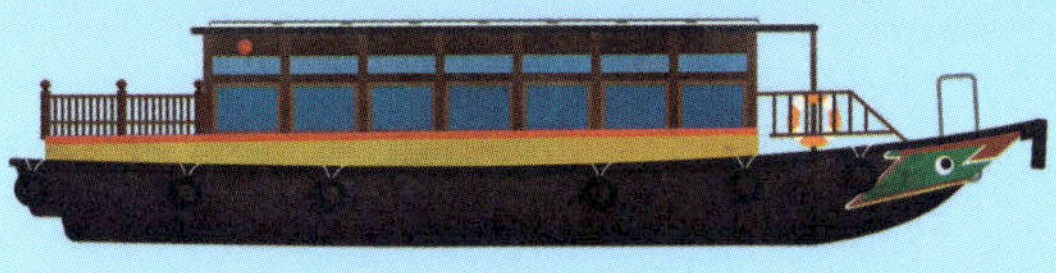

Wassertaxi

Riesige **Containerschiffe** transportieren Waren, die in großen Containern gelagert werden. Diese können mit einem Kran vom Schiff auf Züge, Lastwagen oder andere Schiffe verladen werden.

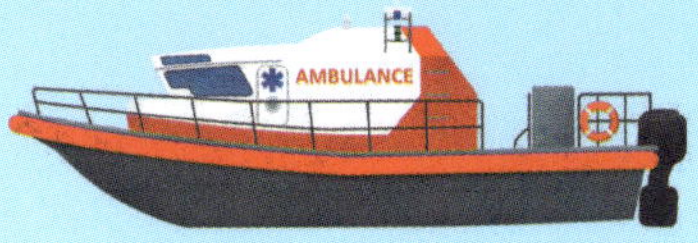

Ambulanzschiff

Polizeiboot

Die *Sprague* war das größte **dampfbetriebene Fluss-Schleppschiff**, das jemals gebaut wurde. Es schob Lasten flussaufwärts und stellte den Rekord auf, 56 Bargen, also schwimmende Behälter mit Kohleladungen, auf einmal zu schieben!

Ein **Schlepper** hilft Schiffen auf See, indem er sie schiebt oder mit einer Schleppleine zieht – etwa wenn sie in einem engen Kanal stecken geblieben oder beschädigt sind.

Öltanker

Schlepper haben leistungsstarke Motoren und spezielle Propeller, mit denen sie Schiffe bewegen können, die ein Vielfaches ihres eigenen Gewichts haben.

Abgeschleppt

Schlepper sind kleine, aber leistungsstarke Boote, die Schiffe schieben oder ziehen können, die wesentlich schwerer sind als sie selbst. Diese Schlepper steuern ein großes Schiff in den Hafen.

Der **Bucintoro** gehörte dem Staatsoberhaupt von Venedig.

Dieser **Einbaum** wurde durch Aushöhlen eines großen Baumstamms gefertigt.

Fischerfloß

Hau ruck, Los geht's!

Es braucht viel Puste, um Boote mithilfe von Rudern durch das Wasser zu bewegen. Einige der ersten Boote überhaupt waren Ruderboote.

Modernes hölzernes Kanu

Das **Thung-chai** hat den Spitznamen „Korbboot“, weil es aus Bambus geflochten wird.

Diese riesige **Cheops-Barke** wurde vor langer Zeit von den alten Ägyptern gebaut.

Ein Gondoliere rudert eine **Gondel** stehend durch die Kanäle in Venedig.

Der Schwimmer an der Seite dieses **Auslegerkanus** hilft, das Boot bei aufgewühlter See zu stabilisieren.

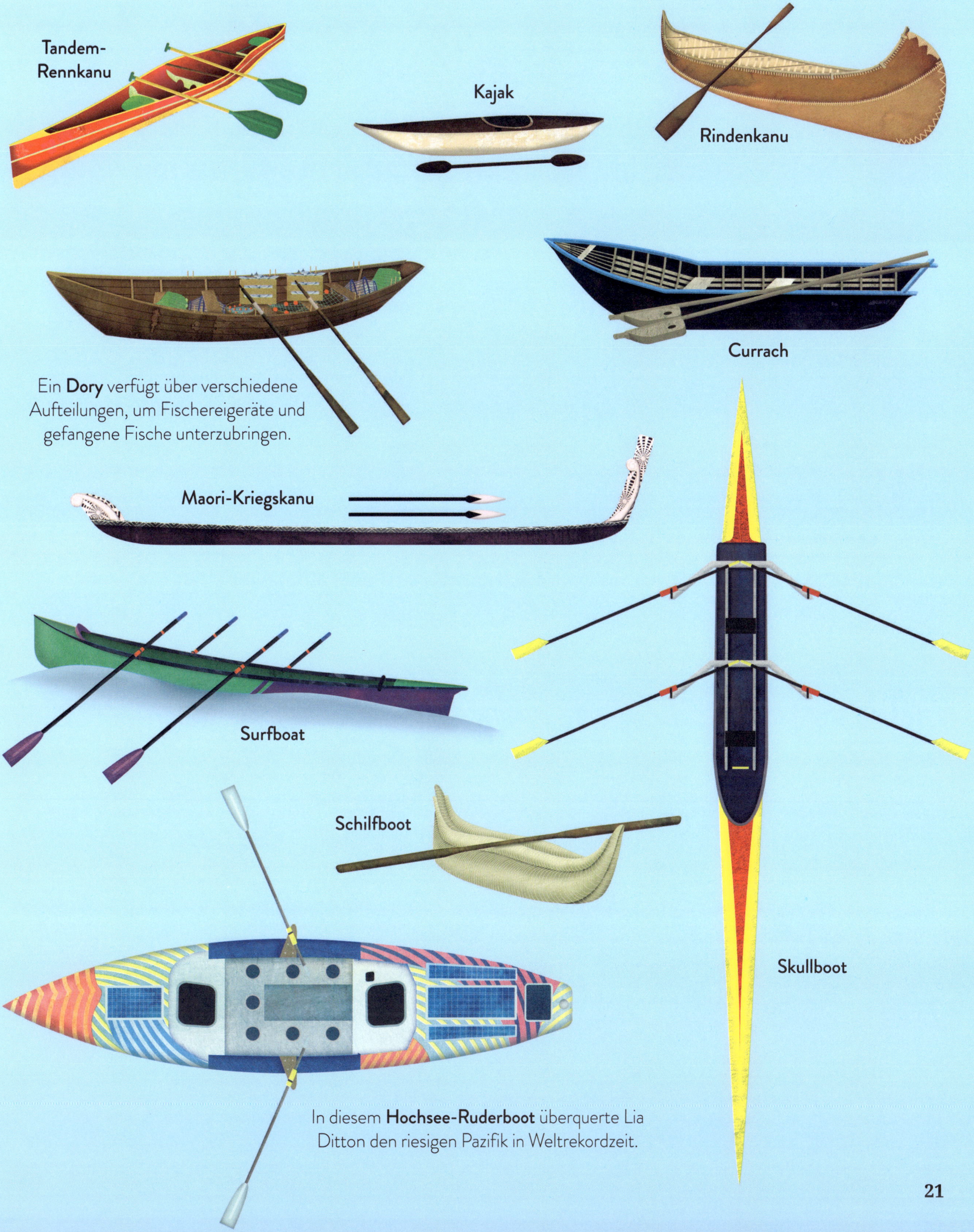

Ein **Dory** verfügt über verschiedene Aufteilungen, um Fischereigeräte und gefangene Fische unterzubringen.

In diesem **Hochsee-Ruderboot** überquerte Lia Ditton den riesigen Pazifik in Weltrekordzeit.

Auf die Plätze, fertig, los!

Hier siehst du ein Drachenbootrennen! Diese langen, schmalen Ruderboote haben die Form eines Drachens und kommen ursprünglich aus China. Wettkämpfe mit Drachenbooten machen richtig Spaß.

Die Boote sind so verziert, dass sie wie Drachenköpfe an langen Hälsen aussehen.

Mit einer Trommel wird der Ruderrhythmus vorgegeben.

Die Teams rudern so schnell sie können, um das Rennen zu gewinnen.

Dieses riesige **Passagierschiff**, die *Titanic*, wurde vor über hundert Jahren gebaut und beförderte 2000 Passagiere und 1000 Besatzungsmitglieder. Leider sank sie auf ihrer ersten Reise.

Hausboot

Bei einer **RoRo-Fähre** werden bewegliche Güter wie Autos zum Transport auf die Fähre, und bei Ankunft wieder herunter gerollt.

Wasserbus

Dieses riesige **Kreuzfahrtschiff**, die *Allure of the Seas*, verfügt über acht Decks, einen Basketballplatz, eine Eislaufbahn und 14 Pools!

Überall in der Welt

Viele Menschen reisen über Ozeane oder Flüsse. Vielleicht machen sie Urlaub auf einem Kreuzfahrtschiff, fahren aus beruflichen Gründen übers Wasser oder nennen sogar ein Schiff ihr Zuhause.

Eine leistungsstarke Dampfmaschine treibt zusammen mit Segeln die *Great Britain,* einen mächtigen **Passagierdampfer** aus Stahl, an.

Manche Menschen leben auf **Schmalbooten**. Auf wenig Raum gibt es dort ein Bett, einen Platz zum Sitzen und Essen, eine Küche und sogar eine Dusche und Toilette!

Flussdampfer

Tragflächenboot

Dieses **Hausboot aus Totora-Schilf** wurde auf einer ebenfalls aus Schilf gefertigten schwimmenden Plattform gebaut.

Schaufelraddampfer wie die *Savannah* wurden durch ein Schaufelrad angetrieben.

In Kanada gibt es eine ganze Siedlung aus **schwimmenden Häusern**.

Hausboot

Riesige Dampfschiffe wie die *Kaiser Wilhelm Der Grosse* wurden gebaut, um mehr Passagiere zu befördern. Sie verfügten über zahlreiche Maschinen und Schornsteine für den Antrieb.

Schleusentore öffnen und schließen sich, um Wasser durchzulassen.
Die Uferpromenade eignet sich großartig für einen Spaziergang.
Ein Kanalboot steuert man mit einer Pinne.

Ein Tag auf dem Kanal

Lange, schmale Boote tuckern langsam den Kanal hinauf. In Schleusen warten sie geduldig, bis das Wasser so weit gestiegen ist, dass sie ihre Fahrt fortsetzen können.

Von der Brücke steuert der Kapitän das Schiff.
Auf der Fähre befinden sich Rettungsboote für den Notfall.
Die Fähre hat spezielle Parkdecks.

Auf einer Fähre

Fähren können mit Autos und allen Arten von Fahrzeugen beladen werden, um deren Besitzer über das Wasser in den Urlaub oder zur Arbeit zu bringen.

Es gibt ein Bordrestaurant, in dem man einen Happen essen kann.

Die Reisenden können ihre Fahrzeuge verlassen und ihre Reise entspannt in der Passagier-Lounge genießen.

Über eine große Rampe gelangen die Fahrzeuge auf die Fähre.

Ein **Jetfoil** ist ein Tragflügelboot, dessen Rumpf bei hoher Geschwindigkeit über die Wasseroberfläche gehoben wird.

PlanetSolar ist das größte von Sonnen-energie angetriebene Elektroboot der Welt.

Diese **Sailrocket** hielt im Jahr 2021 den Rekord für das weltweit schnellste windgetriebene Boot. Es erreichte 112 km/h.

Dieser **Teeklipper,** die *Cutty Sark*, war eines der schnellsten Segelschiffe seiner Art.

Ein **Hovercraft** schwebt auf einem Luftkissen.

Rekordbrecher

Technische Entwicklungen bei Form und Material haben Boote und Schiffe besser und schneller gemacht. Hier sind einige rekordverdächtige Exemplare.

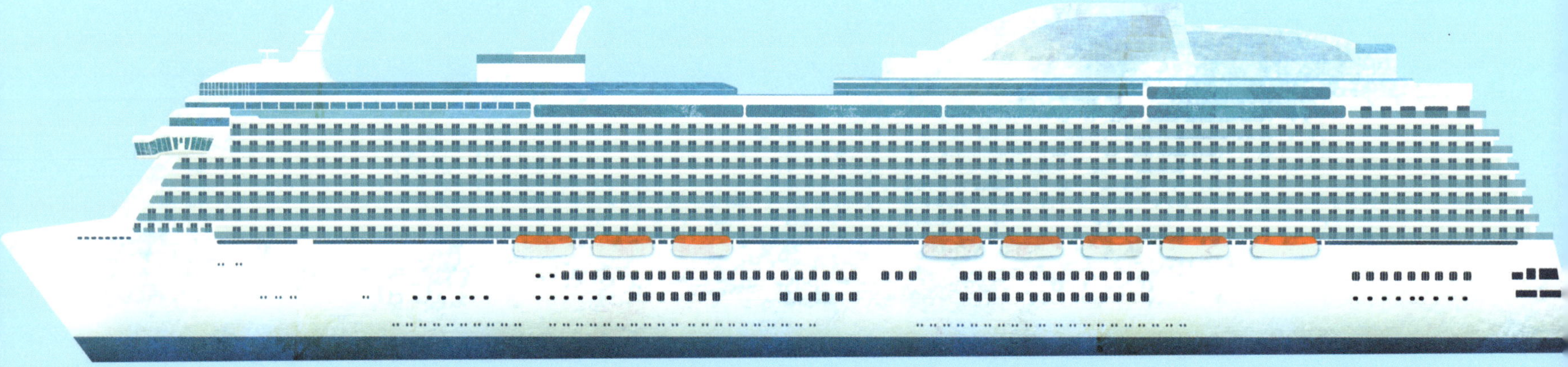

Dies ist eines der **größten Kreuzfahrtschiffe der Welt** mit 18 Decks, 22 Restaurants, 24 Pools und 2759 Kabinen!

Dieses **Trimaran** hat ein spezielles widerstandsfähiges Segel, das ihm zu Rekordgeschwindigkeiten verhilft.

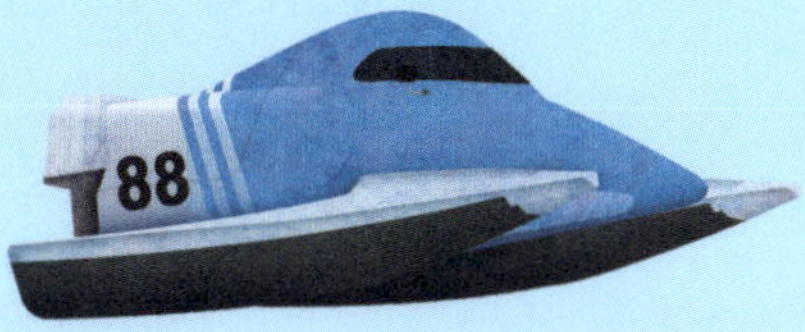

Ein Boot wie das **F1 Powerboat** erreicht Geschwindigkeiten von über 200 km/h.

Der **Schoner** namens *Fram* war das erste Schiff, das je den Südpol erreichte.

Dieser **Öltanker** ist mit einer stolzen Länge von 458 m eines der größten je gebauten Schiffe. Es wurde *Happy Giant,* Glücklicher Riese, genannt.

Dieser **Jetski** ist extrem leistungsstark.

Jedes Jahr nehmen Hunderte von Menschen mit **Auslegerkanus** an einem riesigen Rennen rundum Inseln im Südpazifik teil.

Der **Bluebird K7** brach den Geschwindigkeitsweltrekord auf dem Wasser.

Katamaran

Verladung im Hafen

Große und kleine Güter, von Spielzeug bis hin zu Autos transportieren Schiffe um die ganze Welt. Sie werden an belebten Docks ver- und entladen.

Diese Autos werden vom Schiff herab zum Dock gefahren.
Riesige Kräne verladen Container, die in die ganze Welt verschifft werden, auf große Containerschiffe.

Dieser **Bowrider** hat zusätzliche Sitze vorne im Bug, wo weitere Gäste die Fahrt genießen können.

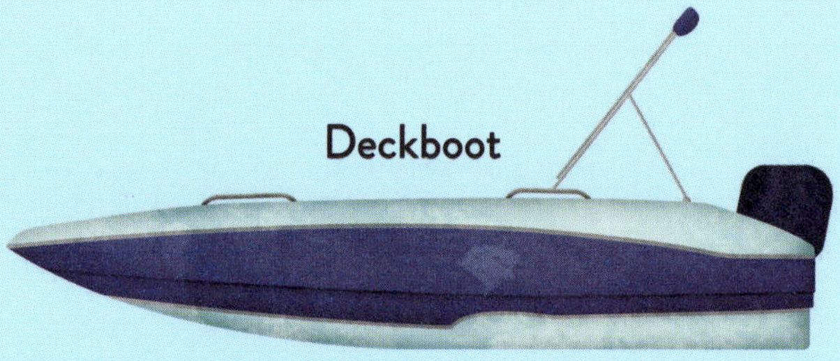

Deckboot

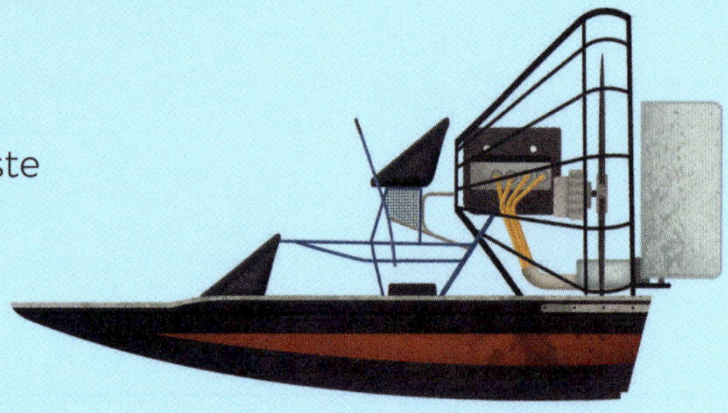

Propellerboot

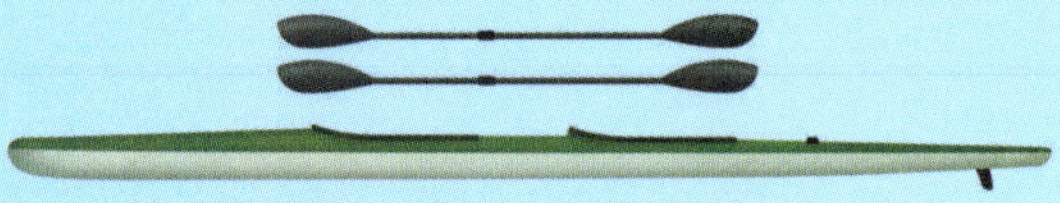

Dieses **Rennkajak** bietet Platz für zwei Personen.

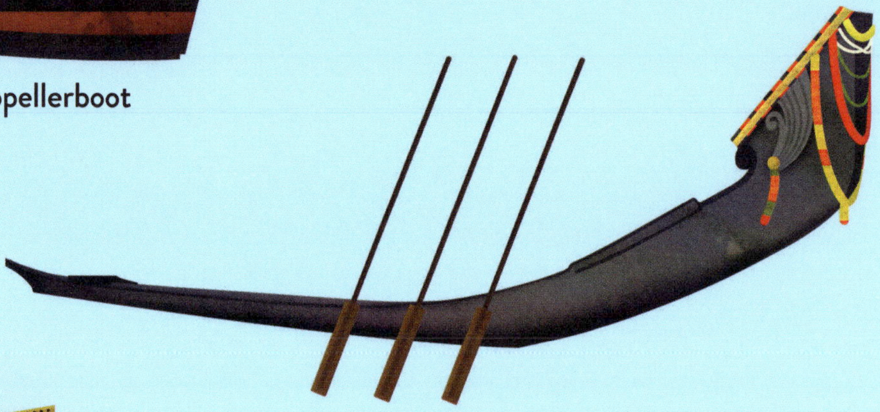

Jedes Jahr veranstalten Menschen in Kerala (Indien) Rennen mit diesen prächtigen **Schlangenbooten.** Bis zu 100 Personen können in jedem Boot sitzen!

Semi-U-Boot

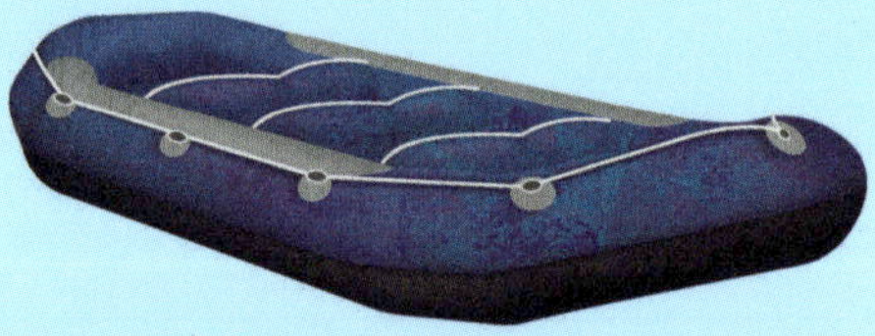

Wildwasser-Rafting in einem **aufblasbaren Schlauchboot** wie diesem kann sehr aufregend sein!

Motoryacht

Dieses **Windsurfbrett** braucht eine steife Brise, um es voranzutreiben.

Setz dich auf diese riesige, **aufblasbare Banane** und lass dich von einem Boot ziehen – was für eine aufregende Fahrt!

Aufblasbares Schwimmtier

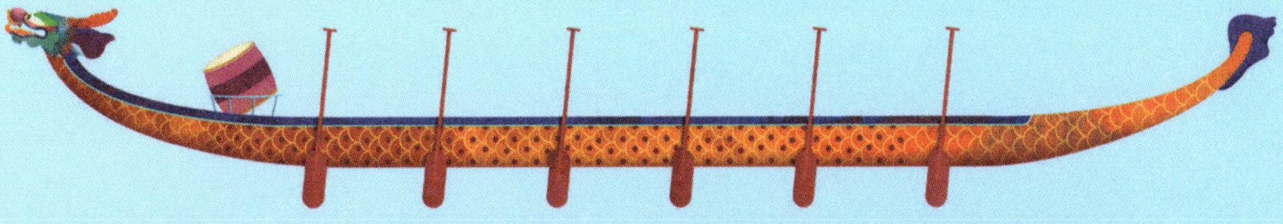

In Taiwan veranstalten die Menschen bei einem dreitägigen Fest Rennen mit diesen **Drachenbooten**. Der Spaß hat sich herumgesprochen – vergleichbare Rennen gibt es auf der ganzen Welt.

Wasserscooter

Zeit für Spaß

Auf dem Wasser kann man richtig Spaß haben. Hast du jemals mit eigener Beinkraft ein Tretboot angetrieben? Oder bist auf einem aufblasbaren Flamingo geritten?

Dieser **Eissegler** hat Kufen, um über gefrorenes Wasser zu gleiten.

Auf einem **Kabinenkreuzer** gibt es Platz zum Schlafen.

Motorboot

Es erfordert eine Menge Übung, um auf einem **Stand-up-Paddle** zu balancieren!

Schwimmende Märkte

Auf den Booten werden alle Arten von Früchten zum Kauf angeboten.

Leckere Gerüche erfüllen die Luft, denn die Verkäufer bereiten frische Speisen zu, die sie von ihren Booten aus verkaufen.

Es ist an der Zeit für den Einkauf auf dem Markt, allerdings mit einem Unterschied: Die Stände schwimmen! Eine Schar von Booten verkauft alles, was du brauchst, von Obst und Gemüse bis hin zu Hüten.

Verkehrsstau!
Auf dem Markt herrscht ein reges Treiben.

Möchtest du einen Regenschirm kaufen, oder vielleicht einen Hut?

Unsichtbare U-Boote

U-Boote können unter Wasser fahren! Früher wurden sie vor allem in Kriegen eingesetzt, aber heute werden U-Boote auch für andere Zwecke gebaut, zum Beispiel zur Erforschung der Tiefsee und zur Freizeitnutzung.

HMS *Holland I*

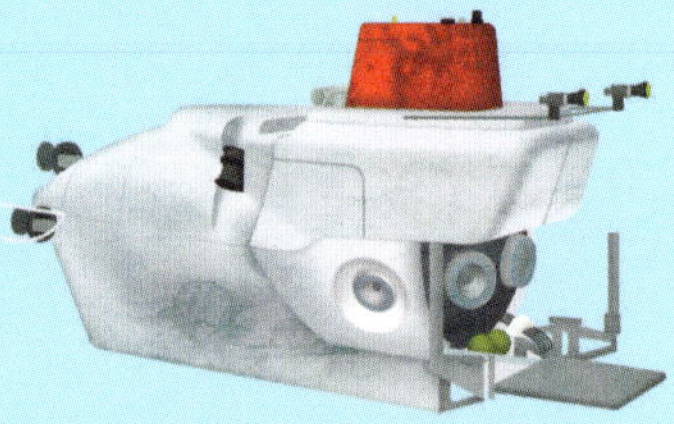

Tauchboote wie dieses werden für die Erkundung der Tiefsee eingesetzt. Taucher in dieser DSV *Alvin* erreichten das berühmte Schiffswrack der Titanic, Tausende von Metern unter der Meeresoberfläche.

Mini-U-Boot

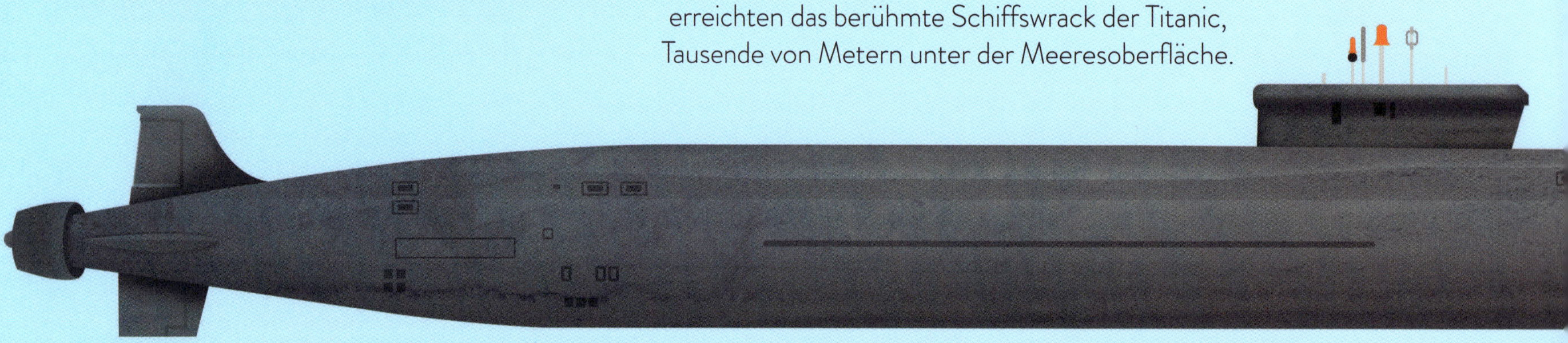

Dies ist ein **kernenergiegetriebenes Atom-U-Boot**. Es kann viele Monate lang unter Wasser bleiben.

Ictineo II

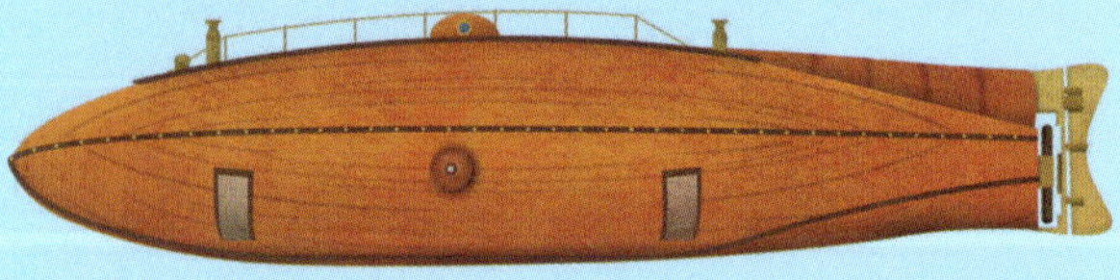

Du könntest dir dein persönliches U-Boot von **Seabreacher** kaufen und es wie einen Delfin, einen Orca oder sogar einen Fächerfisch bemalen lassen!

Einige U-Boote wurden zu Kriegszwecken gebaut. Wenn das U-Boot **I-400** an der Oberfläche war, konnten Flugzeuge von seinem Deck aus starten und landen.

Die ***Nautilus*** war vor über 60 Jahren das erste Atom-U-Boot der Welt – nicht zu verwechseln mit anderen U-Booten mit demselben Namen, denn *Nautilus* war als Name für U-Boote sehr beliebt!

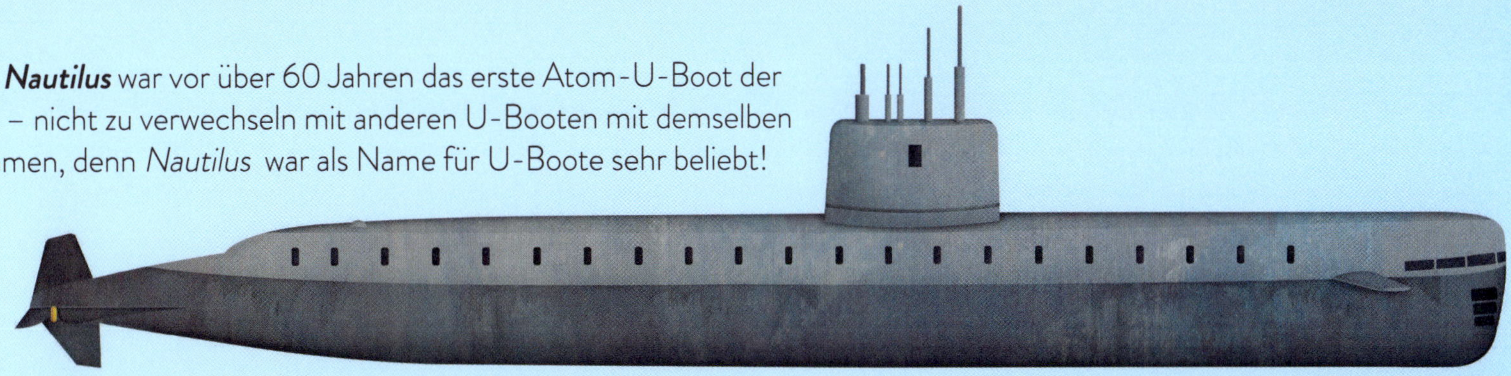

Le Plongeur

Diese **Bathyscaphe** beförderte Menschen in eine Tiefe von mehr als 10 900 m, in den tiefsten Teil des Ozeans.

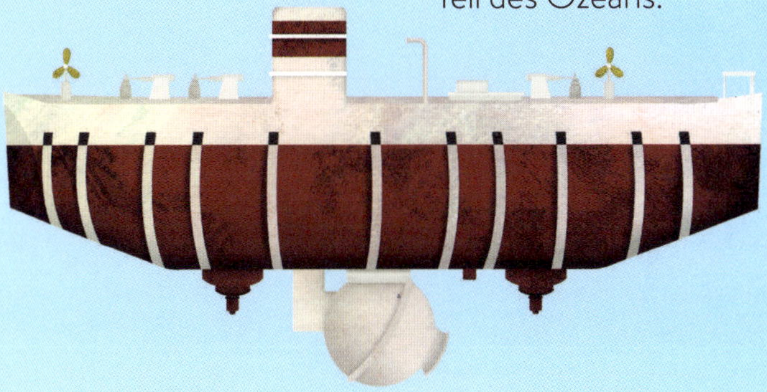

Mini-U-Boot

Die ***Argonaut*** hatte Räder zum Fahren auf dem Meeresgrund!

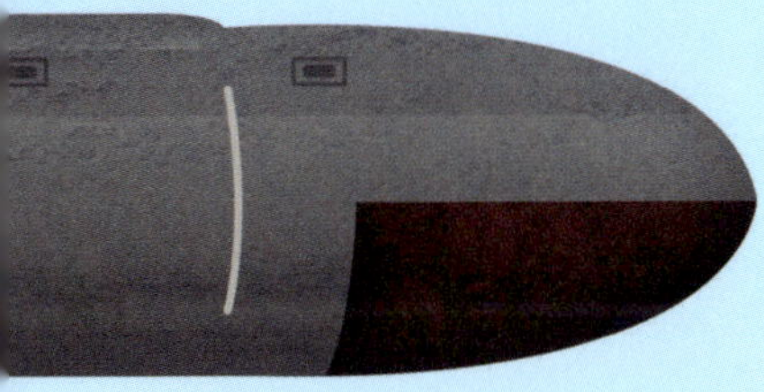

Tauchboot

U-Boote wie dieses vom **Typ VII** feuerten im Krieg Torpedowaffen ab.

Carapace ist eine Jacht, die sich in ein U-Boot verwandelt! Allerdings handelt es sich um einen bisher noch nicht gebauten Entwurf.

Turtle war das erste funktionstüchtige U-Boot der Welt. Im Inneren war nur Platz für eine Person, die es mit einem drehbaren Griff und einem Fußpedal bediente.

Im Bauch eines U-Boots

Große U-Boote erzeugen ihre eigene Energie und können lange Zeit unter Wasser bleiben, manche bis zu 120 Tage. Sie bieten mehr als hundert Besatzungsmitgliedern Platz zum Arbeiten, Essen und Schlafen.

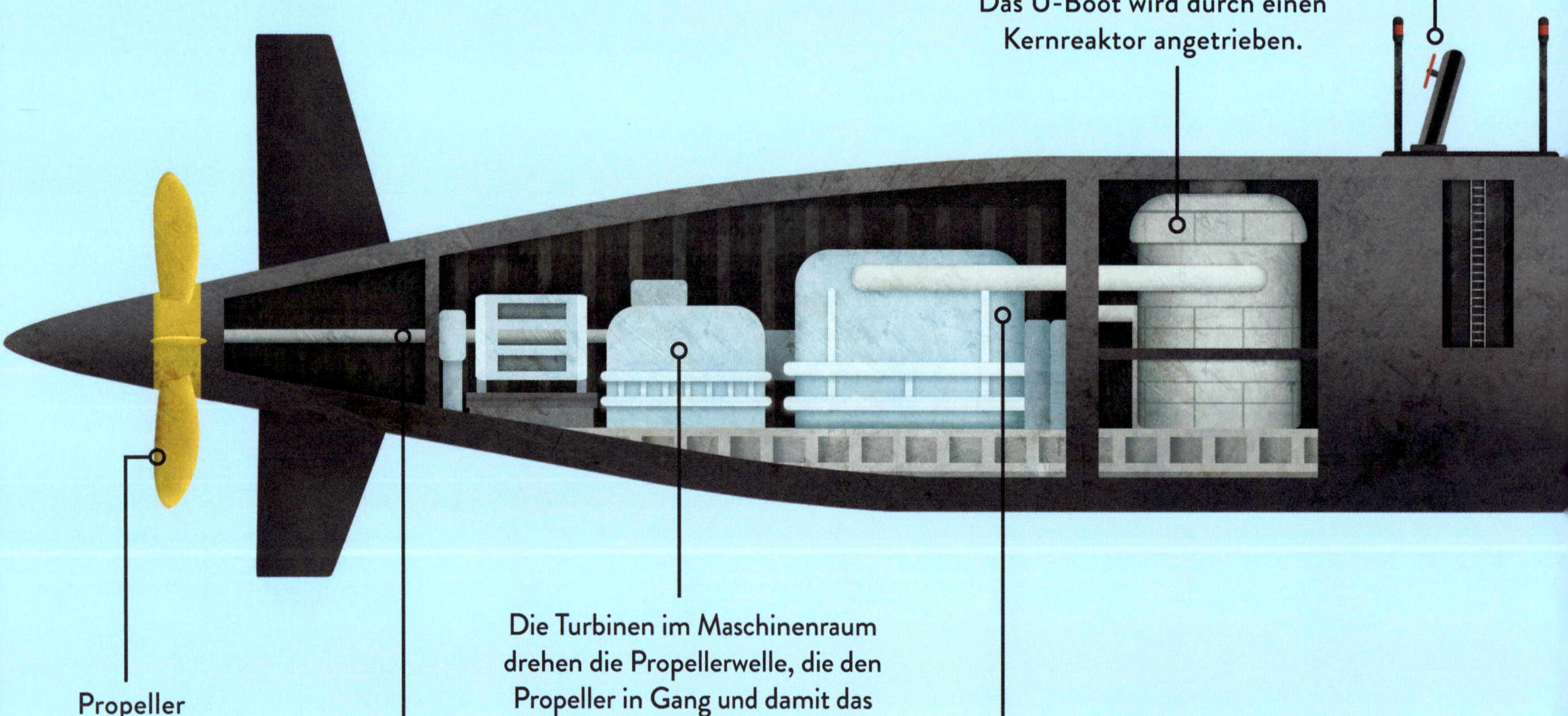

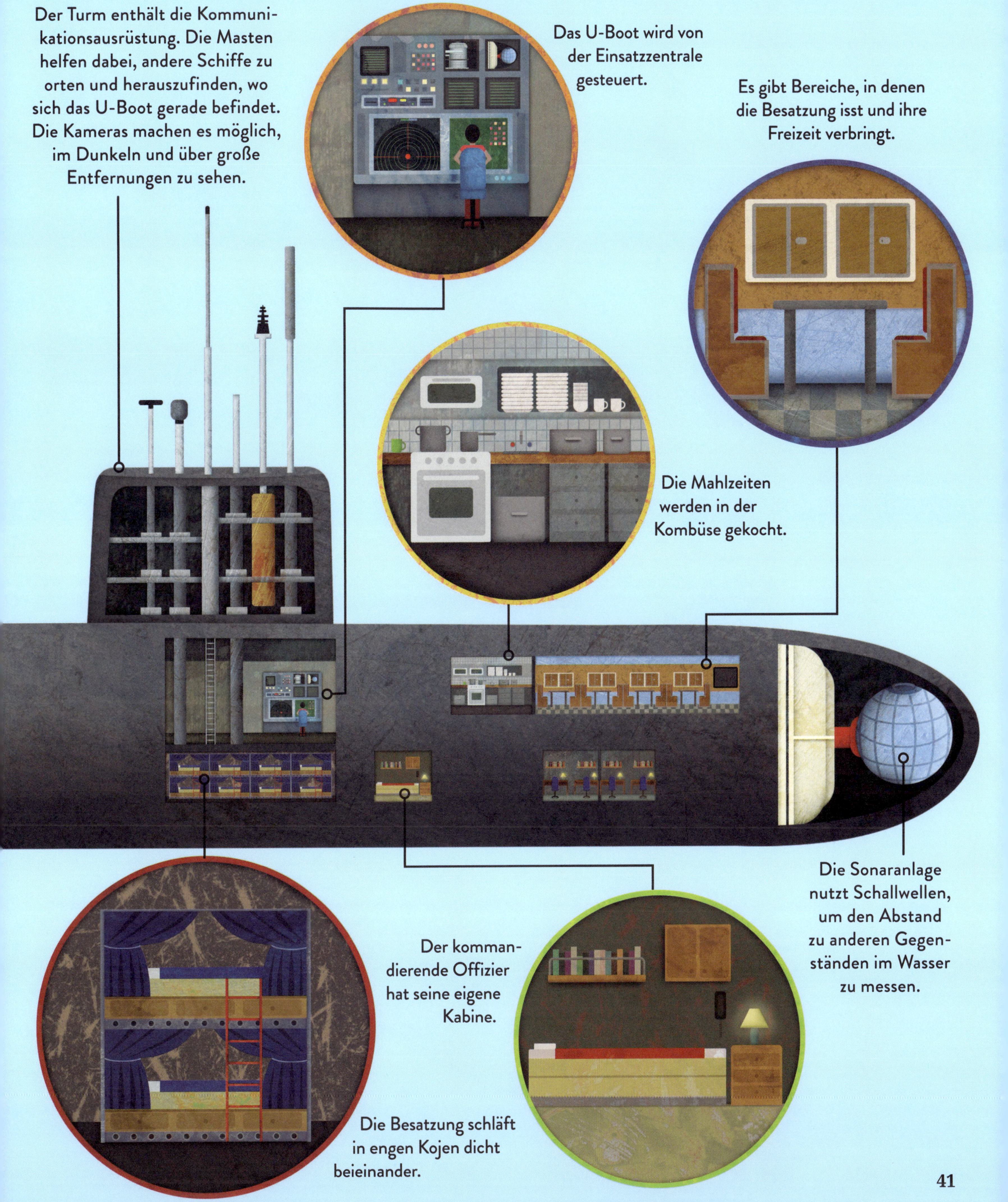
Der Turm enthält die Kommunikationsausrüstung. Die Masten helfen dabei, andere Schiffe zu orten und herauszufinden, wo sich das U-Boot gerade befindet. Die Kameras machen es möglich, im Dunkeln und über große Entfernungen zu sehen.
Das U-Boot wird von der Einsatzzentrale gesteuert.
Es gibt Bereiche, in denen die Besatzung isst und ihre Freizeit verbringt.
Die Mahlzeiten werden in der Kombüse gekocht.
Die Sonaranlage nutzt Schallwellen, um den Abstand zu anderen Gegenständen im Wasser zu messen.
Der kommandierende Offizier hat seine eigene Kabine.
Die Besatzung schläft in engen Kojen dicht beieinander.

Schlachtschiff *Bismarck*

Dampfkriegsschiff USS *Cairo*

Die riesigen schüsselartigen Teile auf Deck dieses **modernen Kriegsschiffs *Monge* (A601)** verfolgen Satelliten und Raketen.

Der schmale Rumpf einer **spanischen Galeone** ließ sie schnell durch das Wasser gleiten.

Dieses **amphibische Angriffsschiff** dient als Hubschrauberträger.

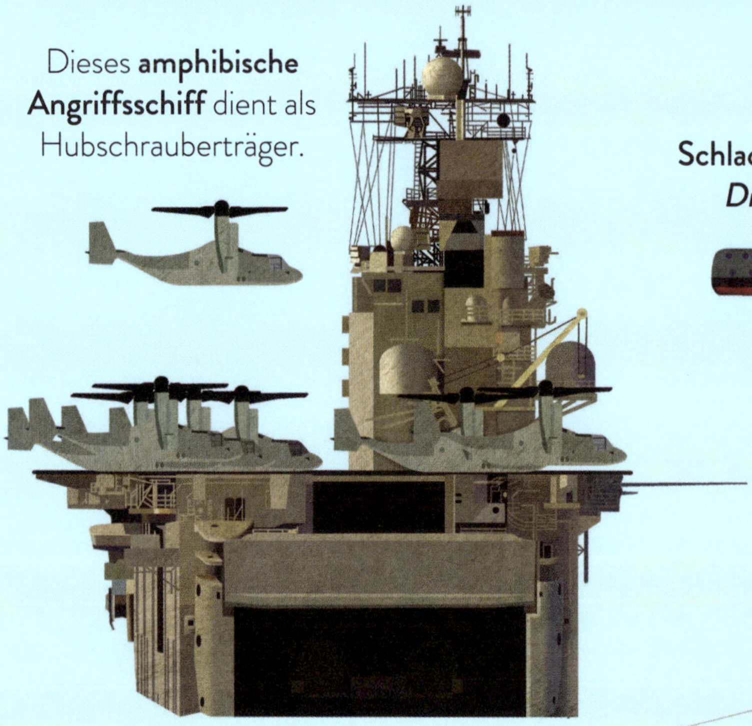

Schlachtschiff HMS *Dreadnought*

***P34* Patrouillenboot**

Flugzeugträger *Akagi*

Die ***Mary Rose*** war ein Kriegsschiff, das vor über 400 Jahren König Heinrich VIII. von England gehörte.

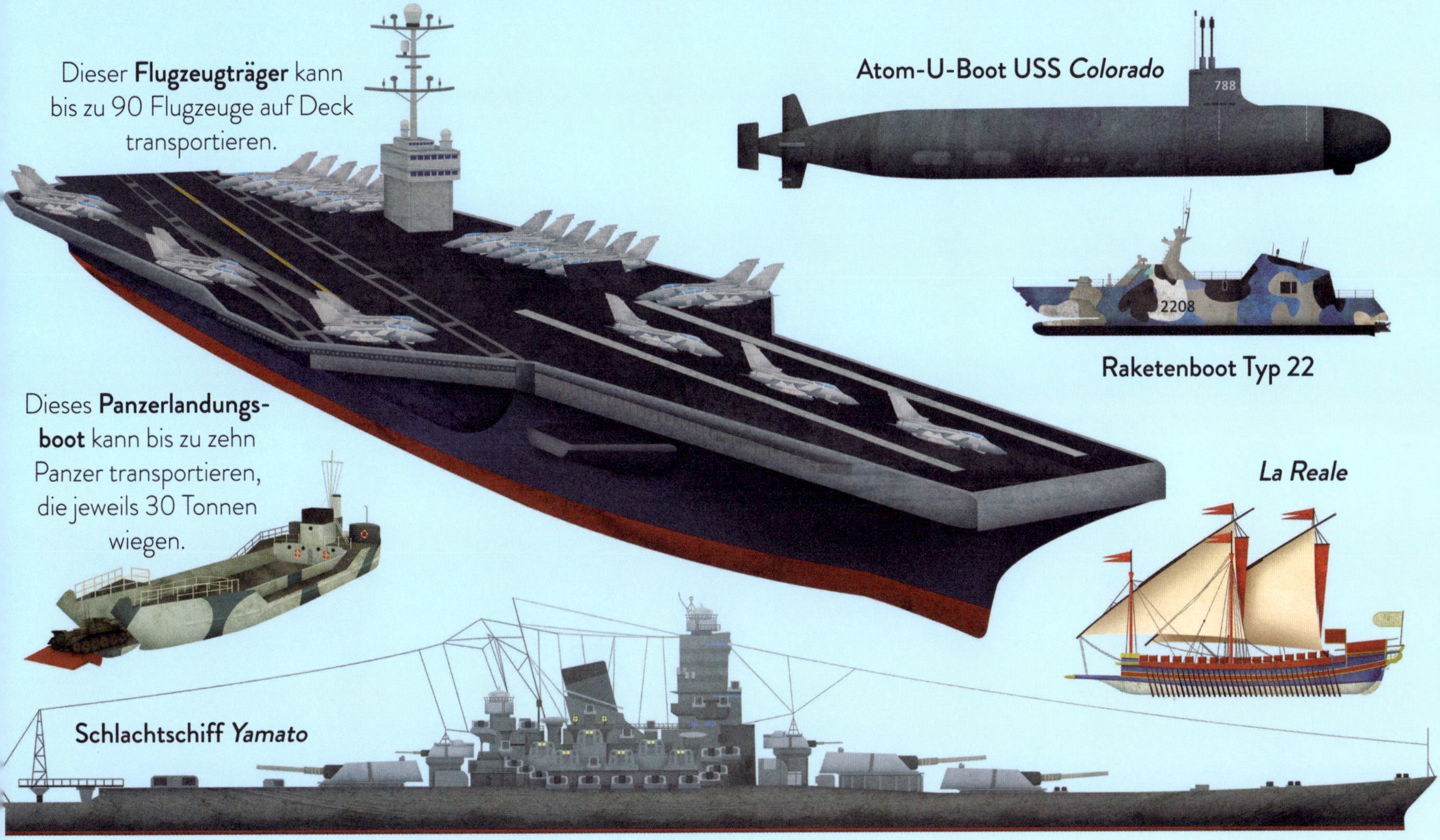

Dieser **Flugzeugträger** kann bis zu 90 Flugzeuge auf Deck transportieren.

Atom-U-Boot USS *Colorado*

Raketenboot Typ 22

Dieses **Panzerlandungsboot** kann bis zu zehn Panzer transportieren, die jeweils 30 Tonnen wiegen.

La Reale

Schlachtschiff *Yamato*

Kriegsschiffe

Schildkrötenschiff

Immer wieder haben die Menschen Schlachten auf See geschlagen. Einige wurden mit kleinen, schnellen Booten entschieden, andere mit mächtigen Kriegsschiffen, die Flugzeuge, Truppen und Panzer transportieren können.

Brigg

Einige solcher Panzerschiffe wurden mit **kreisrunden Rümpfen** gebaut!

Phönizische Kriegsgaleere

Die **HMS *Victory*** war mit 104 Kanonen das größte Kriegsschiff seiner Zeit. Sie wurde von Admiral Nelson kommandiert.

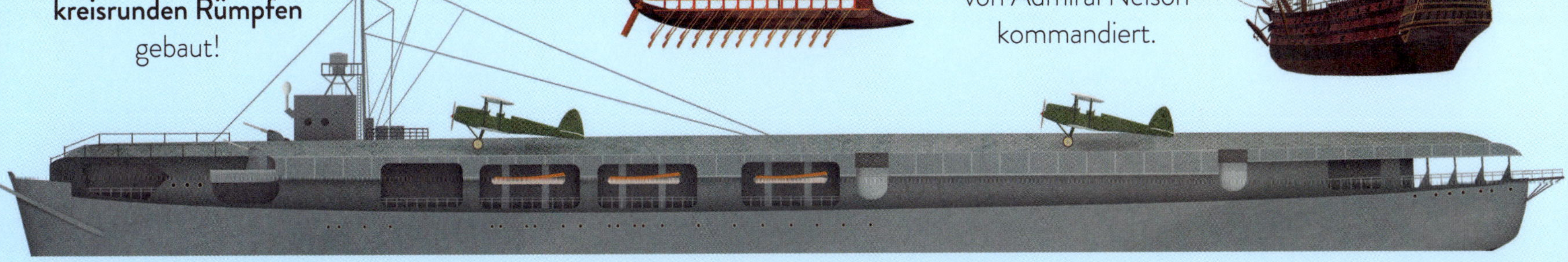

Hilfsflugzeugträger *Empire McAlpine*

Schwimmende Tatsachen

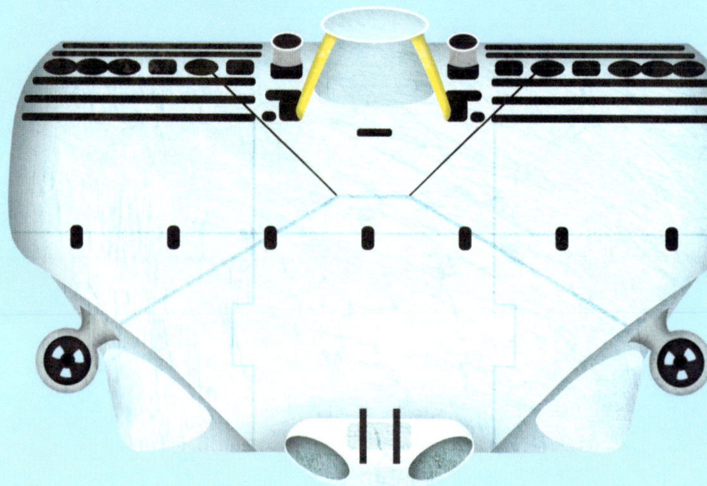

1. 1. Der bis heute tiefste Tauchgang führte das Tiefseetauchboot DSV *Limiting Factor* 10 927 m unter die Wasseroberfläche.

2. Pfeifen an Bord eines Schiffs gilt als Unglücksbringer, da manche Menschen glauben, es könnte starke Winde hervorrufen. Katzen hingegen gelten an Bord als Glücksbringer, Bananen wiederum nicht.

3. Auf jedem Schiff gibt es eine Bordtoilette.

4. Auf einigen Kreuzfahrtschiffen bringen Kellner-Roboter die Getränke.

5. Der bedeutendste Hafen der Welt liegt in Shanghai (China). Dort werden jährlich mehr als 43 000 Container mit Waren be- und entladen.

6. Beim Segeln wird die Geschwindigkeit in Knoten gemessen. Ein Knoten entspricht einer Seemeile (1,85 km) pro Stunde.

7. Die Langschiffe der Wikinger hatten flache Böden. So brauchten sie kein tiefes Wasser und konnten auch seichte Flüsse befahren.

8. Einige Eisbrecher sind so stark, dass sie 5 m dickes Eis durchbrechen können.

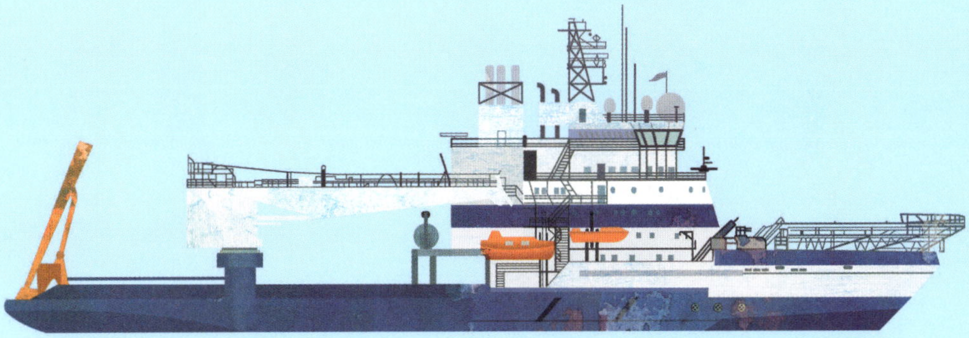

9. Camouflage oder Tarnmuster, also die Bemalung eines Schiffs in verschiedenen Farben und geometrischen Mustern, dienen dazu, dass ein Boot oder seine Geschwindigkeit schwer zu erkennen oder einzuschätzen ist.

10. 1992 entkamen etwa 29 000 Gummienten von einem Schiff im Pazifischen Ozean und schwammen um die Welt.

Suche und finde

Werfe einen Blick in das Buch und schaue, welche dieser Dinge du finden kannst!

Hausboot

Trommler

Helikopter

Fischernetze

Leuchtturm

Zwei Kormorane

Auto mit Fahrrad auf dem Dach

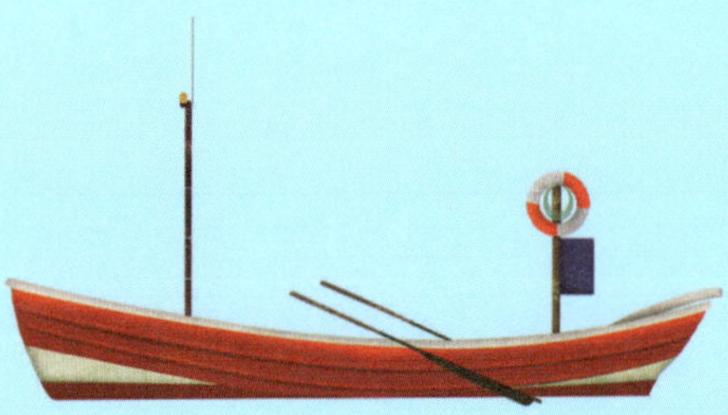

Coble

Sand

Jetski

Bananenboot

Feuerlöschboot

Satellitenschüsseln

Kiste mit Krabben

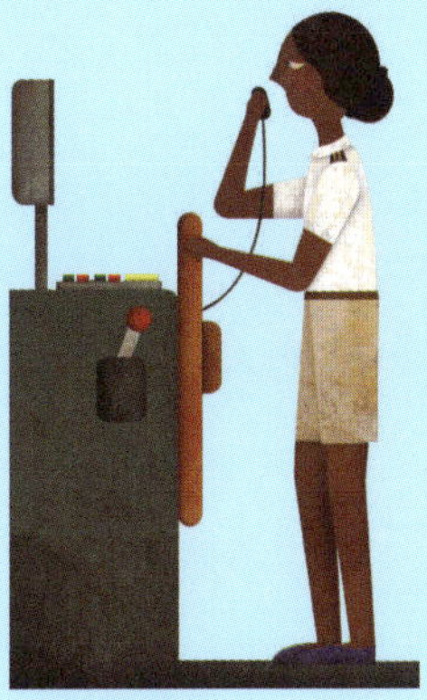

Kapitän

Hund

Laternen

Fischer

Fächerfisch-U-Boot

Wassermelone

Auto

Lichte den Anker und los geht's!